BEI GRIN MACHT SICH IHR WISSEN BEZAHLT

- Wir veröffentlichen Ihre Hausarbeit, Bachelor- und Masterarbeit

- Ihr eigenes eBook und Buch - weltweit in allen wichtigen Shops

- Verdienen Sie an jedem Verkauf

Jetzt bei www.GRIN.com hochladen und kostenlos publizieren

Vera Papadopoulos

Schulsozialarbeit als Strategie sozialer Integration

GRIN Verlag

Bibliografische Information der Deutschen Nationalbibliothek:

Die Deutsche Bibliothek verzeichnet diese Publikation in der Deutschen Nationalbibliografie; detaillierte bibliografische Daten sind im Internet über http://dnb.d-nb.de/ abrufbar.

Dieses Werk sowie alle darin enthaltenen einzelnen Beiträge und Abbildungen sind urheberrechtlich geschützt. Jede Verwertung, die nicht ausdrücklich vom Urheberrechtsschutz zugelassen ist, bedarf der vorherigen Zustimmung des Verlages. Das gilt insbesondere für Vervielfältigungen, Bearbeitungen, Übersetzungen, Mikroverfilmungen, Auswertungen durch Datenbanken und für die Einspeicherung und Verarbeitung in elektronische Systeme. Alle Rechte, auch die des auszugsweisen Nachdrucks, der fotomechanischen Wiedergabe (einschließlich Mikrokopie) sowie der Auswertung durch Datenbanken oder ähnliche Einrichtungen, vorbehalten.

Impressum:

Copyright © 2012 GRIN Verlag GmbH
Druck und Bindung: Books on Demand GmbH, Norderstedt Germany
ISBN: 978-3-656-37037-6

Dieses Buch bei GRIN:

http://www.grin.com/de/e-book/209295/schulsozialarbeit-als-strategie-sozialer-integration

GRIN - Your knowledge has value

Der GRIN Verlag publiziert seit 1998 wissenschaftliche Arbeiten von Studenten, Hochschullehrern und anderen Akademikern als eBook und gedrucktes Buch. Die Verlagswebsite www.grin.com ist die ideale Plattform zur Veröffentlichung von Hausarbeiten, Abschlussarbeiten, wissenschaftlichen Aufsätzen, Dissertationen und Fachbüchern.

Besuchen Sie uns im Internet:

http://www.grin.com/

http://www.facebook.com/grincom

http://www.twitter.com/grin_com

Schulsozialarbeit als Strategie sozialer Integration

Vera Papadopoulos

Die Institution Schule stehen immer wieder im Focus der öffentlichen Kritik und Diskussion. Vor kurzem eröffnete der Philosoph Richard David Precht erneut in einer Fernsehsendung die Diskussion mit der provokanten Fragestellung „Macht Lernen dumm?" ; sein Fazit ist , dass wir im Bereich Schule/ Bildung „eine Revolution benötigen".

Der Reformbedarf der Schule ist keine neue Erkenntnis; trotz etlicher Reformen in den vergangenen Jahren haben diese nicht dazu geführt, Bildungsmissstände zu beseitigen bzw. eine Chancengleichheit herzustellen. Engagierte LehrerInnen sind erschöpft, Horterzieherinnen müssen viel zu viele Kinder betreuen und fördern, Schülerinnen und Schülern fehlt der Raum, sich in ihrem eigenen Tempo Wissen zu erwerben. Leistungsschwächeren Kinder aus nicht privilegierten Elternhäusern fallen schnell durchs Raster eines selektiven Schulsystems.

Das Resultat sind die Bildungsverlierer: Kinder in Armut erreichen mit großer Wahrscheinlichkeit nur die Hauptschule (vgl. Grohall 2010:254) und 15-20 % der jungen Leute können nicht richtig lesen und rechnen, was u. a. dazu führt, dass sie mit 30 Jahren ohne Berufsausausbildung sind (vgl. Kerstan: 2012:66). Als besondere Belastung kommt hinzu, dass SchülerInnen heute nicht mehr die Verlässlichkeit haben, dass sie mit dem, was sie gelernt haben, eine berufliche Perspektive haben und den damit verbundenen Platz in der Gesellschaft finden.

Weder plakative Parolen noch die (utopische) Hoffnung auf eine baldige ausreichende finanzielle Unterstützung von Schule und Schulsozialarbeit führen zeitnah zu mehr Chancengleichheit und Bildungsgerechtigkeit führen.
 Es gibt sicher unendlich viele Ideen, wie man Bildungserfolg sichern und Schule reformieren könnte, auch wenn Schule aufgrund ihrer Leistungs- und Lehrplanorientierung nur bedingt reformfähig ist. In meinen Erörterungen beschränke ich mich auf die Aspekte Lebensweltbezug, Elternarbeit und Reflexion. Alle drei Aspekte sind sowohl praktikabel als auch kostengünstig und im Rahmen einer aktiven Kooperation von Schule und Sozialarbeit umsetzbar.

Die Institution Schule hat einen bestimmenden und prägenden Einfluss auf den Lebenslauf eines Menschen. Bereits hier wird über gesellschaftliche Inklusion und Exklusion entschieden. Schüler und Schülerinnen werden im herkömmlichen Schulbetrieb nur bedingt als ganzheitliche Personen, sondern nur überwiegend in der Schülerrolle betrachtet werden. Lehrpläne und vorgegebene Bewertungsmaßstäbe sind deutlich leistungsorientiert, die individuellen Voraussetzungen, Fähigkeiten und Talente einer Schülerin/ eines Schülers können nur eingeschränkt wahrgenommen und berücksichtigt werden. Schule ist eher als ein funktionales und nicht soziales System angelegt. Durch Leistungs- und Selektionsfunktion, institutionelle Schulordnung und Curriculum erfolgt die funktionale Ausrichtung, während

das soziale System durch die Lebensinhalte der Kinder und Jugendlichen geprägt wird (vgl. Noack:2011) Das Privileg, Noten, Tadel und Verweise zu erteilen, d. h. Schüler und ihr Verhalten zu bewerten, erschwert grundliegend eine gleichberechtigte Kooperation von Schule und Elternhaus.

Schule sollte für SchülerInnen nicht nur ein Lernort, sondern auch ein Lebensort sein (vgl. Bildungskommission NRW 1995). Dieser Anspruch bedeutet einen große Herausforderung und Verantwortung für Schule und LehrerInnen. Er bietet neue Chancen einer Annäherung von Jugendhilfe und Schule eröffnet, eine Zusammenarbeit von Schule und Sozialarbeit ist dabei sinnvoll. Soziale Arbeit kann hier unterstützen und entlasten, sie hat eine Art „Scharnierfunktion". Unentbehrlich ist es, die Schulsozialarbeit mit ihren jugendhilfespezifischen Zielsetzungen und Handlungsformen systematisch in ein neues Rahmenkonzept und Leitbild von Schule einzubeziehen (vgl. Nieslony 1998). Die Schulsozialarbeit stellt durch ihre präventive Arbeit ein wichtiges Ergänzungsangebot zum Bildungs- und Erziehungsauftrag der Schule dar. Es ist jedoch, wie bereits weiter oben dargestellt, ein Trugschluss, zu glauben, dass Schulsozialarbeit in der Lage sei, alle Probleme von Schülern an einer Schule zu mindern bzw. zu beseitigen.

Denn Schulsozialarbeit befindet sich in einem Spannungsfeld zwischen den eigenen professionellen Zielen und denen des Schulsystems. Allein in den Grundsätzen der Freiwilligkeit, Partizipation und des Lebensweltbezuges unterscheidet sich die Soziale Arbeit bedeutend von dem System Schule.

Vor dem Hintergrund, dass sich Soziale Arbeit sich immer auch als Anwalt ihrer Klientel versteht, werden die Unterschiede zwischen beiden Systemen besonders im Umgang mit Konflikten deutlich. In der sozialen Arbeit wird störendes Verhalten von Schülern während der Schulzeit als Impuls verstanden, eigenes Handeln oder die Rahmenbedingungen kritisch zu reflektieren und den Interaktionsprozess zu verändern. Im Unterschied zur Institution Schule, wo vorrangig sanktionierend auf störendes Verhalten reagiert wird, ist das Verständnis von sozialer Arbeit ein anderes: Die Tendenz zu unangepasstem Verhalten im Kontext Schule in Form von verbal und körperlich provozierendem, aggressivem Verhalten, Vandalismus oder Verweigerungsverhalten bis zur Schuldistanz werden als Signale interpretiert und sind Indizien für ein ungünstiges Klima der Schule oder ein belastetes Familiensystem, bzw. Lebensumfeld des Schülers. Entsprechend des sozialpädagogischen Verständnisses setzen die Interventionen und Methoden nicht am problematischen Verhalten des Schülers, sondern an seinen individuellen Ressourcen an und bieten der Schülerin/ dem Schüler Hilfe zur Lebensbewältigung.

Schulsozialarbeit und gesellschaftliche Ansprüche

Die Installierung von Schulsozialarbeit an Schulen wird auch gerne von Politik und Gesellschaft dazu genutzt, aufzuatmen und sich aus der Verantwortung zu ziehen, denn nicht selten ist eine Schulsozialarbeiterin/ ein Schulsozialarbeiter allein an einer Schule mit 500 SchülerInnen oder mehr tätig. Befindet sich die Schule zudem in einem sogenannten sozialen Brennpunkt, wissen SchulsozialarbeiterInnen häufig aufgrund der vielen „Baustellen" nicht, wo sie die Prioritäten ihrer Arbeit legen sollen. LehrerInnen, SchülerInnen,

Eltern, Jugendamt und Kommune: viele Erwartungen und alle wünschen sich Entlastung durch die Schulsozialarbeit. Konfrontiert mit multipler familiärer Not und Elend, mit Kinderarmut und Kindeswohlgefährdung gilt es häufig erst mal, Lebenswelt und Lebenslagen von Familien zu verstehen und entsprechend zu intervenieren. Erst dann ist es möglich, einen umfassenden Blick auf die Bildungsbedingungen und Chancen des einzelnen Kindes zu richten.

Schulsozialarbeit ist ein „Tropfen auf den heißen Stein", wenn nicht parallel Politik und Öffentlichkeit Verantwortung übernehmen und ernstgemeinte (nicht nur dem Wahlkampferfolg dienende…) und zudem realisierbare Konzepte zur Bekämpfung von Armut und zur Bildung-, Sozial- und Wohnungspolitik entwickeln. Bessere Teilhabemöglichkeiten an Bildung für Menschen mit niedrigen und niedrigsten Einkommen und die Abschaffung einer klassenorientierten Schul- und Bildungspolitik sind zwingend notwendig. Es entsteht der Eindruck, als solle Schulsozialarbeit ein Alibi- Funktion für alle Verantwortlichkeiten bezüglich der Beseitigung der Missstände im Bildungsbereich übernehmen.

Steigende Zahlen von IntegrationsschülerInnen und SchülerInnen in Kinder- und jugendpsychiatrischer Behandlung erfordern multiprofessionelle Teams an Schulen mit entsprechenden personellen und zeitlichen Ressourcen, und den Ausbau der Schulsozialarbeit.

Wie ernst ist Schulsozialarbeit gemeint, wenn im Gegensatz zu anderen Ländern (z. B. Frankreich, Niederlande) in Deutschland SchulsozialarbeiterInnen in unsicheren, häufig schlecht bezahlten und befristeten, somit auch prekären Arbeitsverhältnissen beschäftigt werden? Wie soll Inklusion verwirklicht werden, wenn weder die personellen noch finanziellen Mittel dafür zur Verfügung gestellt werden und es keine realisierbaren, praktikablen und konkreten Umsetzungsideen und Handlungskonzepte gibt?

An dieser Stelle kann ich nur dazu appellieren, sich beim DBSH und dem unabhängigen Forum kritischer sozialer Arbeit (www.einmischen.com) zu engagieren, welche sich intensiv und engagiert darum bemühen, einerseits sozial- und gesellschaftspolitische Missstände aufzudecken und zu bekämpfen, als auch für bessere Arbeitsbedingungen für Menschen in sozialen Berufen eintreten.

Schule und Lebenswelt

Es wird deutlich, dass es neben der Bildungsdiskussion und Inklusionsdebatte eine Diskussion um die Lebenswelt der Familien, deren sozialen Rahmenbedingungen für Lernen und soziale Entwicklung geben muss, um die Heranbildung von selbständigen Persönlichkeiten zu ermöglichen (vgl. Maus:2009:22). Soziale Arbeit versteht sich als Profession, die Lebensbewältigungsprozesse von Menschen nicht nur als individuelle Defizite und persönliches Versagen, sondern als Folgen gesellschaftlicher Bedingungen und Zumutungen begreift (vgl. Seithe 2012:376).

Hier zeigt sich der Kooperationsbedarf von Schule und Schulsozialarbeit, da Schulsozialarbeit in ihren freien und partizipativen Gestaltungsmöglichkeiten eher dazu angelegt und in der Lage ist, die Lebenswelt von Kindern und ihren Familien kennenzulernen. Wird

Schulsozialarbeit jedoch nur als Akutintervention, ähnlich einer „Feuerwehr", für schwierige, unangepasste Kinder genutzt und verstanden, welche im Unterricht stören, hat sie ihren Zweck verfehlt. Das grundlegende Spannungsverhältnis zwischen Jugendhilfe und Schule muss angesichts sich verändernder Bedingungen abgebaut werden, neue Formen der Zusammenarbeit sind zu entwickeln, zu erproben und institutionell abzusichern.

Besonders leistungsschwache Schülerinnen und Schüler aus nicht privilegierten Familienverhältnissen benötigen eine alltagsorientierte soziale Hilfe , um ihnen einen „gelingenderen Alltag zu ermöglichen" (vgl. Thiersch 1986: 42). Störendes, unangepasstes Verhalten soll als biographische Botschaft (vgl. Böhnisch 2004:11) und nicht als primär sanktionsbedürftiges Verhalten gesehen werden. Problematisch bewertete Sichtweisen müssen gegen brauchbare Sichtweisen ausgewechselt werden (vgl. Kleve 2003:10).
Das ist einfacher gesagt, als getan, denn zunächst ist ein unangepasstes und störendes Verhalten nicht normkonform und bringt für LehrerInnen und Klassengemeinschaft erhebliche Beeinträchtigungen und Belastungen mit sich. Je „systemischer" der Blick einer Lehrerin/ eines Lehrers auf die Lebenslage und Lebenswelt eines Kindes ist, desto mehr Verständnis kann er haben und selektierende Sichtweisen und Bewertungen in den Hintergrund stellen. Unter diesen Voraussetzungen ist es auch möglich, SchülerInnen Partizipation, Autonomie und Mitwirkungsmöglichkeiten zu gewähren (vgl. Hosemann 2010:36). Beziehung und Dialog sind hier bedeutende Aspekte für eine funktionierende und gleichberechtigte Kooperation von LehrerInnen, SchülerInnen, ErzieherInnen, Schulsozialarbeit und Eltern. Schulsozialarbeit kann durch ihre beratende und unterstützende Funktion dabei helfen, Möglichkeiten zum Aufbau anerkennender Beziehungen zu schaffen (vgl. Schoneville 2009: 140).

In der Praxis erlebe ich jedoch, dass LehrerInnen, welche den SchülerInnen mit einer annehmenden und anerkennenden Grundhaltung begegnen, von ihren KollegInnen belächelt und nicht ernst genommen werden. Dabei erzielen genau diese LehrerInnen sehr große Erfolge: SchülerInnen, welche gerne die Schule besuchen, weil sie die Erfahrung machen, das Lernen Spaß machen kann. Methodenvielfalt, eigenständiges und eigenverantwortliches Lernen gibt ihnen das Gefühl, ernst genommen zu werden, sich ausprobieren zu können und nicht normkonform und leistungsorientiert funktionieren zu müssen. Es erstaunt nicht, dass in diesen Klassen ein besonders gutes Sozialklima und Gemeinschaftsgefühl herrscht. Integration, Inklusion und Partizipation sind hier keine diskussionswürdigen Parolen, sondern sich durch die Haltung der Lehrerin/ des Lehrers ergebende gelebte Selbstverständlichkeiten. Es ist zudem nicht unbekannt, dass ein gutes Sozialklima in einer Klasse die beste Mobbing-, Amok- und Gewaltprävention insgesamt ist. Nun gut, Skeptiker, welche einen Reformbedarf an Schule bestreiten und für konservative und sanktionierende Unterrichtsmethoden plädieren, können sich an dieser Stelle auch auf Shanghai berufen: Shanghai hat bei der letzten Pisa- Prüfung noch besser als Finnland abgeschnitten, und das bei einer Klassenstärke von 40 SchülerInnen. Übersehen wird bei solchen Erfolgen jedoch allzu gerne, dass die sehr hohe Leistungsorientierung einen ebenso hohen Preis von den SchülerInnen fordert und negative Auswirkungen auf ihr

Selbstwertgefühl hat: ein enormer Wettbewerb wird zwischen den Kindern geschürt, begleitet von entwürdigenden Diffamierungen und Beschämungen, wenn das Verhalten einer Schülerin/ eines Schülers nicht den Erwartungen entspricht (vgl. Pant 2012:78).

Etablierung von Entlastungs- und Reflexionsmethoden an Schulen

In der Auseinandersetzung mit neuen Bedingungen und Anforderungen schulischen Lernens sind Schulen bemüht, neue Konzepte und Modelle zu entwickeln, welche die Lebenswelt der Schüler und ihre sozialräumlichen Umweltbedingungen berücksichtigt und integriert. Angebote des sozialen Lernens, Mobbing- Prävention und -Intervention sind zu selbstverständlichen Aufgaben der Schulsozialarbeit in Kooperation mit der Lehrerschaft geworden.
Erwartet man von der Lehrerschaft, dass sie lebensweltorientiert arbeitet, bedarf es strukturell und institutionell verankerter Methoden der Reflexion an den Schulen; Entlastungs- und Problemlösungsstrategien sind zu wenig bekannt und schon gar nicht etabliert. Auch wenn es Schule und sozialer Arbeit an finanziellen Mitteln fehlt, ist die Etablierung von selbstreflektorischen und lösungsorientierten Methoden, z. B. in Form von kollegialer Fallberatung möglich, eine kompetente Supervision durch externe Fachkräfte kann sie jedoch nicht ersetzen.

Schule und institutionalisierte Elternbeteiligung

Schule ist für viele Eltern von Schülern eine komplexe, machtbetonte und selektierende Institution. Je mehr eigene schlechte Erfahrungen sie in der Kindheit mit dem System Schule gemacht haben, desto kritischer und distanzierter ist häufig ihre Einstellung und Haltung der Schule gegenüber. Sind eigene schulische Erfahrungen mit Gefühlen des Versagens und Scheiterns verbunden, bedeutet es eine große Herausforderung für sie, die Schule und Lehrerschaft ihres Kindes wohlwollend zu betrachten und zur aktiven Mitarbeit bereit zu sein. Allein das Betreten des Schulgebäudes kann schon mit Gefühlen von Beklemmung und Angst verbunden sein. Vor allem von bildungsarmen Eltern in sozial schwierigen Verhältnissen hört man immer wieder die Aussage, dass „mein Kind es besser haben soll als ich selbst, es soll mehr erreichen". Nicht allen Eltern sind jedoch das Wissen und die „Werkzeuge" einer annehmenden und fördernden Erziehung gegeben. Betonenswert erscheint an dieser Stelle, dass Erziehungsprobleme kein exklusives Problem der Unterschicht sind. Alle Väter und Mütter kennen Situationen, in denen sie sich ratlos und überfordert fühlen. Die Veränderung gesellschaftlicher Normen und die Vielfalt biographischer Möglichkeiten haben zu einer Verunsicherung in Fragen der Lebensführung geführt (vgl. Beck: 1986). Eltern sind häufig orientierungslos und suchen nach Orientierung.

Auch wenn es eine Autonomieillusion ist, zu glauben, dass alle Eltern selbst am besten wüssten, was für ihr Kind gut ist, kennen die Eltern ihr Kind im Allgemeinen am besten. Deshalb ist es von sehr grundliegender Bedeutung, eine annehmende und wertschätzende,

nicht be- und verurteilende Einstellung gegenüber den Eltern einzunehmen, um eine aktive Kooperation zwischen Schule und Eltern zum Wohl des Kindes zu ermöglichen.

Bildung muss von Eltern und Lehrerschaft als gemeinsame Aufgabe von Schulen und Familien begriffen und umgesetzt werden. Wird Bildung als Teil der Erziehung verstanden, können Fähigkeiten und Potenziale von Kindern entdeckt und Chancen genutzt werden. "Weder die Kita oder die Schule, noch die Eltern können alleine bewirken, dass Bildung gelingt. Die Familie ist dabei eine, wenn nicht der entscheidende Ort", so die aktuellen Worte des Staatssekretärs im Bundesfamilienministerium, Lutz Stroppe (BMFSFJ:2012). Eine gute Kommunikationsstrukturzwischen Elternhaus, Schule und Betreuungseinrichtungen ist somit für die persönliche und schulische Entwicklung von Kindern essenziell.

Lehrerkollegium, Schulleitung und Schulsozialarbeit können gemeinsam viel für eine institutionalisierte Kultur der Elternkooperation tun. Elternaktivierungsprogramme sind nur dann erfolgversprechend, wenn die Schule eine Willkommenskultur für Eltern etabliert hat. Das Machtgefälle zwischen LehrerInnen und Eltern kann nur durch eine annehmende und respektvolle Haltung und Kommunikation der Lehrerschaft gegenüber den Eltern „neutralisiert" werden. Fühlen sich Eltern von LehrerInnen abgelehnt und missachtet, weil sie sich in ihrer Erziehungskompetenz negativ bewertet fühlen, können Gefühle der Schuld und des Versagens eine Kooperation blockieren bzw. sogar zu eskalierenden Lehrer- Eltern-Beziehungen führen. Opfer sind dabei die Kinder, welche in einen Loyalitätskonflikt zwischen Eltern und Schule geraten und verzweifelt versuchen, es beiden „Parteien" recht zu machen. Dieser Konflikt erzeugt Stress, kann zu Konzentrationsschwierigkeiten und Verweigerung führen. Gelingt Schule, Schulsozialarbeit und Familien eine partnerschaftliche Kommunikation und Zusammenarbeit, sind die Weichen für eine erfolgreiche Bildungsbiographie gestellt.

Programm „Jugendsozialarbeit an Berliner Schulen

In den Bemühungen um Inklusion und Chancengleichheit hat die Senatsverwaltung für Bildung, Jugend und Wissenschaft, beginnend im Jahr 2006, ein Programm initiiert, um Jugendsozialarbeit an Berliner Schulen verstärkt zu etablieren. Das
Programm „Jugendsozialarbeit an Berliner Schulen" beinhaltet eine intensive
und systematische Kooperation von Schule und Jugendhilfe im Sinne einer gemeinsamen Verantwortung für die Entwicklung und den Schulerfolg aller Schülerinnen und Schüler. Dabei sollen aufgrund des steigenden Anteils von Schülerinnen und Schülern mit Unterstützungsbedarf Bildungsangebote und –formen weiterentwickelt werden, um vor allem benachteiligte Schülerinnen und Schüler bei der Bewältigung schulischer Anforderungen zu unterstützen. Derzeit sind insgesamt 56 Integrierte Sekundarschulen, 46 Förderzentren, 20 berufliche Schulen und 121 Grundschulen am Programm „Jugendsozialarbeit an Berliner Schulen" beteiligt (SPI: 2012). Leitthema des Programmes Jugendsozialarbeit an Schulen sind „Strategien sozialer Integration": die Entwicklung und Erprobung neuer Modelle und Projekte zur sozialen, beruflichen und gesellschaftlichen

Integration junger Menschen in sozialen Brennpunkten, die Erarbeitung von Reform- und Modernisierungsgrundsätzen für öffentliches und privates Handeln sowie Anleitungen für Netzwerk- und Programmarbeit in europäischen, nationalen, regionalen und lokalen Zusammenhängen.

Entsprechend meines Plädoyers für die Institutionalisierung und Etablierung einer Elternbeteiligung an Schule erachte ich Angebote für Eltern als einen bedeutenden Aspekt der Sozialen Arbeit an Schule.
Da diese sehr vielfältig sein können, beschränke ich mich auf die Bereiche Beratung . Aufgrund des vorhandenen „Machtpotentials" der Institution Schule mit ihrer Bewertungs- und Selektionsfähigkeit gilt es, Eltern, auch in Form einer Anwaltschaft, zu unterstützen und zu stärken, damit sie ihre erzieherischen Aufgaben verantwortlich wahrnehmen und ausführen können. In der Praxis erlebe ich immer noch, wie eine machtbetonte und abwertende Kommunikation von LehrerInnen mit Eltern eine (potenzielle) Kooperation erfolgreich blockiert und verhindert. Eltern versuchen, sich zu wehren und zu verteidigen, was nicht selten zu gegenseitigen Beweisführungen und Rechtfertigungen und letztendlich zur Eskalation führt. Das eigentliche Ziel, den Bildungserfolg des Kindes durch eine gemeinsame Kooperation zu sichern, gerät dabei aus dem Blickfeld. Je mehr sich Eltern beschämt, beschuldigt und als „Versager" fühlen, desto größer ist die Wahrscheinlichkeit, dass sie sich in eine Schutz- und Abwehrhaltung begeben.
Schulsozialarbeit kann durch Beratungsgespräche Eltern dabei unterstützen, „Gehör" zu finden und in ihren Anliegen ernst genommen zu werden. Da Lebensweltorientierte Soziale Arbeit immer klientenorientiert ist, bieten sich Klienten- und Lösungszentrierte Beratungsgespräche an. Wenn Eltern merken, dass sie in den Gesprächen nicht beschuldigt werden, dass Beratung ohne Ratschlag erfolgen kann und gemeinsam ressourcenorientierte Lösungsmöglichkeiten gefunden werden können, nehmen sie meiner Erfahrung nach Beratung gerne an. Themen wie z. B. wie setze ich (sinnvolle) Grenzen? Was sind hilfreiche Strafen/ Konsequenzen? Wie zeige ich meinem Kind Aufmerksamkeit? beschäftigen Eltern und können in Form von Themenabenden von der Schulsozialarbeiterin angeboten werden. Auch Koch-, Back- und Nähkurse unterstützen Eltern dabei, ihre lebenspraktischen Fähigkeiten zu erweitern und einen gelingenderen Alltag mit ihren Kindern zu gestalten.

VERFASSERIN
Vera Papadopoulos
Schulsozialarbeiterin an einer Berliner Grundschule
Berufsbegleitender Studiengang Soziale Arbeit an der FH Potsdam

LITERATURANGABEN

Beck, U.(1986): Risikogesellschaft. Auf dem Weg in eine andere Moderne. Frankfurt am Main

Böhnisch, L. (2004): Inklusion / Integration / Bewältigung. Eine multidisziplinäre Einführung am Beispiel der Problemkreise abweichenden Verhaltens und sozialer Kontrolle. FH Potsdam PDF-Text-Download von [basa-online] Stand: 15. 4. 2004

Bildungskommission NRW (1995): Zukunft der Bildung- Schule der Zukunft. Denkschrift. Neuwied: Luchterhand

BMFSFJ Internetredaktion, Pressemitteilung 91/2012, 11.10.2012

Grohall K.- H. (2010): Vererbte Armut- Kinder und Jugendliche in benachteiligter Lebenslage. In: Soziale Arbeit, 59. Jg., H.7/2010, 254

Hosemann, H. (2010): Inklusion oder Solidarität ? In: Forum sozial, Heft 4/2010, 36

Huppertz, N./ Schinzler, E. (1988): Grundfragen der Pädagogik. Eine Einführung in sozialpädagogische Berufe. München: Bardtenschläger.

Juul, J. (2011): Ist das zu viel verlangt? Der Pädagoge Bernhard Bueb singt Loblieder auf die Disziplin, der Familientherapeut Jesper Juul auf die Gelassenheit. Ein Gespräch über Pubertät, Tiger- Mütter und eigene Erziehungsfehler. In: die Zeit Nr.44, 81 27.11.2011

Kerstan, T. (2012): Ist die Schule gerecht? In: Die Zeit Nr. 27,66   28.06.2012

Kleve, H. (2003): Sozialarbeitswissenschaft, Systemtheorie und Postmoderne. Grundlegungen und Anwendungen eines Theorie- und Medienprogramms. Freiburg: Lambertus

Kleve, H.(2009): Konstruktivismus und Soziale Arbeit. 3. überarbeitete u. erweiterte Auflage. Wiesbaden: VS Verlag für Sozialwissenschaften

Kosog ,S. (2008): Die neue Schule. In: Süddeutsche Zeitung Wissen 10/2008, S. 18-27

Maus, F. (2009): Goethe und Schiller und die Diskussion um frühkindliche Erziehung. In: Forum sozial, Heft 2/ 2009, 22ff

Nieslony, F. (1998): Arbeitsgruppenbericht, in: LJA-Hessen, Grundbedingungen für soziale Arbeit in der Schule. Wie kann die Zusammenarbeit zwischen Jugendhilfe und Schule verbessert werden? Landesjugendamt Hessen. Kassel. S. 64

Noack, W. (2011): Schulsozialarbeit. In: Soziale Arbeit, Heft 8/2011, 295ff

Pant, H.A. (2012): Leistung muss cool sein. Von Flensburg bis Zwickau-wie gut sind unsere Grundschulen? In: Die Zeit Nr. 42, 11.10.2012

Schoneville, H./ Thole, W. (2009): Anerkennung- ein unterschätzter Begriff in der sozialen Arbeit ? In: Soziale Passagen, Heft 2/2009, 140

Seithe, M. (2012): Wie kann sich Soziale Arbeit gegen eine „BWLisierung" wehren? In: Soziale Arbeit. Heft 9/10.2012, DZI

Sozialpädagogisches Institut „Walter May" (SPI)
URL: http://www.stiftung-spi.de/index_1.html (letzter Zugriff 05.12.2012)

Textor , M.R. (2009): Die Norminierung, Pathologisierung, Kasernierung und Programmierung des Kindes. In: Forum sozial, 2/2009, 20

Thiersch, H. (1986): Die Erfahrung der Wirklichkeit. Perspektiven einer alltagsorientierten Sozialpädagogik. Weinheim, München: Juventa